cook&cook series 8 · beaf · cook&cook series 8 · beaf · cook&cook series 8 · beaf · cook&cook

맛있는 요리책 Cook&Cook 시리즈 Vol.8

"쇠고기로 만드는 반찬&요리"

맛있는 요리책 Cook&Cook 시리즈 Vol.8

"쇠고기로 만드는 반찬&요리"

초판 발행 2015년 05월 20일

발행인 **김진용** / 발행처 **(주)지원출판**

편집 **이슬비** / 제작책임 **윤미경** / 마케팅 책임 **이홍연**

콘텐츠 제공 29MEDIA

도서, 마케팅 문의 전화 031-941-4474 / 팩스 0303-0942-4474

주소 **경기도 파주시 탄현면 웅지로 110번길 71** / 등록번호 406-2008-000040호

홈페이지 www.jiwonbook.com

CONTENTS

어느 한 부위도 버려지지 않는 쇠고기!

**쇠고기를 무척 선호하는 우리나라에서는
고기의 어느 한 부분도 버려지지 않고 모두 요리로 만들어진다.**

쇠고기는 주성분이 단백질과 지방으로 소의 나이, 영양 상태, 부위에 따라 상당한 차이를 보인다. 쇠고기(피하지방을 떼어낸)는 보통 57~75%의 수분, 18~22%의 단백질, 3~23%의 지방, 당질, 인, 철분 등으로 이루어져 있다.
쇠고기는 돼지고기에 비해 비타민 함유량이 아주 적은 반면 양질의 단백질을 가지고 있는데, 단백질 중 대부분은 필수 아미노산으로 이 성분은 우리 몸을 성장시키고 유지하는데 꼭 필요한 영양 성분이다.
그러나 필수 아미노산은 체내에서 합성되지 않기 때문에 섭취하는 식품에 의해 흡수되는데, 쇠고기에는 성장에 필요한 체내 필요량이 적절하게 포함되어 있다. 이렇듯 우리 몸에 필요한 영양을 적절하게 갖춘 쇠고기에도 주의할 점이 있으므로, 조리법이나 식습관으로 해결하는 방법을 알아보자.
쇠고기 요리에는 참기름을 많이 사용하는 것이 좋다. 참기름은 필수 지방산이 많아, 콜

레스테롤이 혈관에 붙는 것을 막아주기 때문이다. 불고기나 로스구이에 기름장을 곁들여 먹는 식습관은 고기의 영양과 맛을 살리는 데 매우 유용한 방법이다. 또한 상추에 불고기를 싸먹는 습관은 혈액의 산성화를 막아주고, 발암성 물질을 없애주기 때문에 건강에 도움이 된다.

신선한 쇠고기는 선명한 붉은 색을 띠며, 그 위에 하얀 지방이 그물처럼 퍼져 있으면 좋은 것이다. 고깃결은 곱고, 살코기 사이에 지방질이 균일하게 박혀 있으면 연하고 맛이 좋은 것이다. 오래되어 살코기가 거무스름하거나, 지방이 누렇게 변한 것, 베어낸 곳에서 육즙이 흘러나오는 것은 피하는 것이 좋다.

국내산 쇠고기(등심)	vs	수입산 쇠고기(등심)
** 신선한 고기에서 뼈를 발라내어, 형태가 다양하다. ** 겉에 칼자국이 많이 남아 있다. ** 덩어리의 형태가 다양하다. ** 등심 자른 면에 떡심이 들어 있다.		** 살짝 언 상태에서 뼈를 발라내어, 겉에 뼈를 발라낸 흔적이 있다. ** 크기가 고르며, 진공포장을 하여 겉이 매끄럽다. ** 타원형의 덩어리이다. ** 등심 자른 면에 떡심이 없다.

쇠고기죽순땅콩조림 _ 4인분

재료와 분량

쇠고기 불고깃감 300g
죽순 100g
다진 마늘 1/2큰술
다진 생강 1/2작은술
땅콩 3큰술
소금 · 후춧가루 약간씩
샐러드유 약간

ⓐ 양념

된장 1큰술
청주 1큰술
굴 소스 1/2큰술
설탕 1작은술

이렇게 만들어요

1 쇠고기는 한 입 크기로 자른다.

2 죽순은 끓는 물에 한 번 데쳐서 찬물에 헹궈 반으로 자른 다음 부채 모양으로 썬다.

3 프라이팬에 기름을 두르고 다진 마늘과 다진 생강을 넣어서 볶다가, 향이 나면 쇠고기를 넣어서 볶는다.

4 ③에 소금과 후춧가루를 뿌려서 간한다.

5 ④에 죽순을 넣어서 잘 볶다가 땅콩을 넣어서 볶는다.

6 ⑤에 ⓐ의 양념을 넣어서 다시 잘 볶은 다음 접시에 담아 낸다.

Cooking Tip

죽순은 끓는 물에 한 번 데쳐서 결 사이에 낀 불순물을 제거하고, 찬물에 헹궈 반으로 자른 다음 부채 모양으로 썬다.

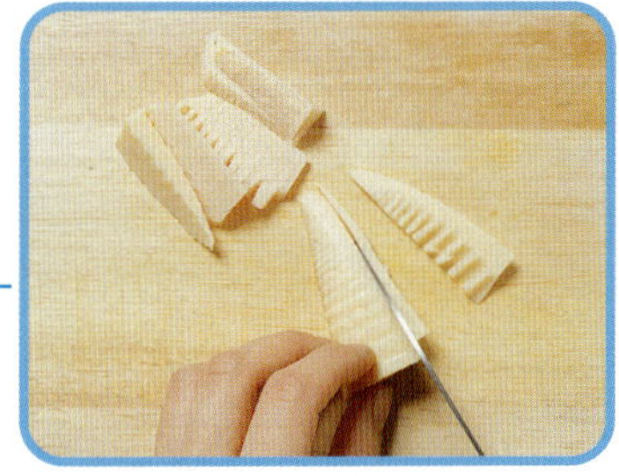

쇠고기쥬키니고추장무침 _ 4인분

재료와 분량

쇠고기 불고깃감 400g
쥬키니 1개
다진 마늘 1/2큰술
생강즙 1/2작은술
양파 1개
소금 · 후춧가루 약간씩
샐러드유 약간

양념장

고추장 2큰술
식초 4큰술
간장 4큰술
참기름 2큰술

이렇게 만들어요

1 쇠고기는 한 입 크기로 자른다. 여기에 소금과 후춧가루를 뿌려서 밑간 한다.

2 양파는 채를 썰어서 준비한다.

3 쥬키니는 얄팍하게 썬 다음 반으로 자른다. 소금을 뿌려서 절여두었다가 물기를 꼭 짠다.

4 프라이팬에 기름을 두르고 쥬키니와 양파를 볶아낸다.

5 볼에 양념장 재료를 넣어서 고루 섞는다.

6 프라이팬에 기름을 두르고 다진 마늘을 넣어 볶다가 쇠고기를 넣어서 잘 볶는다. 여기에 생강즙을 넣어서 잘 볶는다.

7 볼에 ⑥의 쇠고기를 담고 양파와 쥬키니를 넣은 다음 ⑤를 넣어 잘 무쳐서 낸다.

1 쥬키니는 얄팍하게 반달 모양으로 썰어 준비한다. 2 볶아낸 채소가 뭉그러질 수 있으므로 젓가락으로 무쳐 상에 내도록 한다.

쇠고기떡목구이 _ 4인분

재료와 분량

쇠고기 불고깃감 200g
피망 2개
일본 된장 2큰술
설탕 1작은술
깨소금 1/2큰술
샐러드유 약간
무 100g

이렇게 만들어요

1 볼에 된장과 설탕, 깨소금을 넣고 잘 섞어서 둔다.

2 피망은 꼭지를 떼고 씨를 털어낸 후 채 썬다.

3 무는 적당한 크기로 썰어놓는다.

4 도마에 쇠고기를 펴고 조미한 된장을 얇게 펴 바른다. 짜지 않게 조금만 바른다.

5 ④에 피망을 올려서 돌돌 만다.

6 꼬치에 ⑤의 쇠고기를 4개 정도 꿰고 양쪽에 무를 끼워서 고정시킨다.

7 ⑥에 샐러드유를 약간 바른 후 그릴에 넣고 약한 불에서 고기가 익을 때까지 굽는다.

8 고기가 익으면 무를 빼내고 먹기 좋게 잘라서 낸다.

Cooking Tip

꼬치에 쇠고기 말이를 서너 개씩 꽂고, 양쪽에 무를 끼워 고정시킨다. 시작과 끝에 무를 끼우면 조리 도중 말이가 풀어지거나 망가지는 것을 막을 수 있다.

쇠고기와인스테이크

_ 4인분

재료와 분량

쇠고기 스테이크용 4장
피망 1개
대파 2대
토마토주스 1컵
적포도주 1/2컵
소금 · 후춧가루 약간씩
버터 2큰술

이렇게 만들어요

1 파는 어슷하게 썰어서 준비한다.

2 쇠고기는 소금과 후춧가루를 뿌려서 밑간한다.

3 피망은 꼭지를 떼고 씨를 털어낸 후 먹기 좋게 한 입 크기로 썬다.

4 프라이팬에 버터를 두르고 파를 넣어서 볶는다.

5 ④에 ②의 밑간한 쇠고기를 넣어서 굽는다.

6 쇠고기가 익으면 적포도주와 토마토주스를 넣어서 더 끓인 다음, 쇠고기는 건져서 접시에 담는다. 남은 국물에 피망을 넣어서 자작하게 조린다.

7 쇠고기를 담은 접시에 ⑥의 소스를 얹어서 낸다.

1 팬에 버터를 두르고 파를 넣어 볶다가 밑간한 쇠고기를 넣어서 굽는다. 2 쇠고기가 익으면 적포도주와 토마토주스를 넣어서 더 끓인 다음, 쇠고기는 건진다. 남은 국물에 피망을 넣어서 조려 소스를 만든다.

다래소스일본불고기

_ 4인분

재료와 분량

쇠고기 등심 400g
양파 1개
감자 1개
단호박 100g
양송이 4개
팽이버섯 1개
새송이버섯 2개

다래소스

미소된장 3큰술, 간장 1/4컵
물엿 6큰술, 육수 3큰술
청주 2큰술, 꿀 3큰술
깨 2큰술, 생강 20g
마늘 2쪽, 사과 1/4개
땅콩 100g, 소금 1/2큰술
설탕 2큰술, 시치미

이렇게 만들어요

1 고기와 채소는 먹기 좋은 크기로 자른다.

2 땅콩과 깨는 절구에 곱게 간다.

3 믹서에 ②와 나머지 재료를 전부 넣어 부드럽게 될 때까지 갈아준다.

4 즉석에서 채소와 고기를 구워가며 소스를 찍어 먹는다.

Cooking Tip

불고기의 맛을 가장 크게 좌우하는 다래는 안에 들어가는 땅콩과 깨를 곱게 갈면 갈수록 소스가 고소하고 맛있다. 믹서에 함께 갈기 전에 절구에 먼저 곱게 가는 것이 좋다.

일본에서는 양념하지 않은 고기를 석쇠에 구운 뒤 이를 '다래'라고 부르는 소스에 찍어 먹는다.

★ '시치미'는 일곱 가지 향신료인 고추 · 깨 · 진피 · 앵속 · 평지 · 삼씨 · 산초를 넣은 일본 양념이다.

갈비구이

_ 4인분

재료와 분량

갈비 1kg

양념장

간장 4큰술
다진 파 2큰술
다진 마늘 1큰술
설탕 2큰술
참기름 1큰술
깨소금 1큰술
생강즙 2작은술
후춧가루 약간

이렇게 만들어요

1 갈비는 LA갈비로 썬 것을 물에 30분 정도 담가 피를 뺀다.

2 ①의 갈비를 건져 기름기를 제거하고 물기를 없앤다.

3 갈비에 양념이 잘 배도록 잔 칼집을 넣는다.

4 분량의 재료를 섞어서 양념장을 만든다.

5 손질한 갈비를 양념장에 재어두었다가, 먹기 전에 석쇠나 프라이팬에 굽는다.

장산적

_ 4인분

재료와 분량

쇠고기 300g
잣가루 1큰술

쇠고기 양념

간장 2큰술, 다진 파 1큰술
다진 마늘 1큰술, 설탕 2작은술
후춧가루 1/2작은술
참기름 1큰술, 깨소금 1큰술

조림 간장

집간장 2큰술, 조미료술 3큰술
설탕 2큰술

이렇게 만들어요

1 쇠고기는 기름기 없는 연한 살코기로 준비한다.
2 쇠고기는 곱게 다져 양념한다.
3 ②를 지름 4cm, 두께 0.6cm로 동글납작하게 만든다.
4 석쇠에 기름을 바르고 조금 달군다.
5 ③을 얹어 타지 않게 구워서 준비한다.
6 냄비에 조림 간장을 넣고 끓인다.
7 조림 간장 끓인 것에 구운 고기를 넣어 조린다.
8 간장을 끼얹어가면서 윤기 나게 조린다.
9 장산적을 그릇에 담고 잣가루를 뿌려낸다.

사태찜

_ 4인분

재료와 분량

사태 500g
대파 1/2대
마늘 3쪽
표고버섯 6개
당근 1/2개
밤 5개
대추 10개
은행 10알

찜 양념장

간장 6큰술
다진 파 3큰술
다진 마늘 2큰술
설탕 1½큰술
참기름 1큰술
후춧가루 약간
깨소금 1큰술

이렇게 만들어요

1 쇠고기 사태는 물에 담가 피를 빼고 깨끗이 씻는다.

2 당근은 큼직하게 썰어서 가장자리를 둥글게 다듬는다. 밤은 껍질을 벗겨놓고, 표고버섯 작은 것은 그냥 통째로 쓴다.

3 은행은 겉껍질을 벗긴 다음 팬에 소금을 뿌려 파랗게 구운 후 속껍질을 벗겨놓는다.

4 대추는 씻어서 통째로 준비한다.

5 냄비에 물을 자작하게 붓고, 사태와 함께 대파와 마늘을 넣은 다음 잠깐 삶는다. 끓으면 거품을 걷어낸다.

6 삶은 사태는 건져서 4cm 크기로 썰어 분량대로 양념을 넣어 무치고, 국물은 식힌 다음 기름기를 걷어낸다.

7 양념한 사태를 냄비에 담고 국물을 자작하게 부은 다음 ②~④의 재료를 넣어 푹 무르도록 찐다.

Cooking Tip

고기를 연하게 하는 것으로는 메론이 으뜸이다. 찜 · 조림 양념에 배와 양파 그리고 키위를 넉넉히 갈아 넣고 고기를 잰다. 단, 키위를 많이 넣었을 때는 고기가 물러질 수 있으므로 2~3시간을 넘지 않는다.

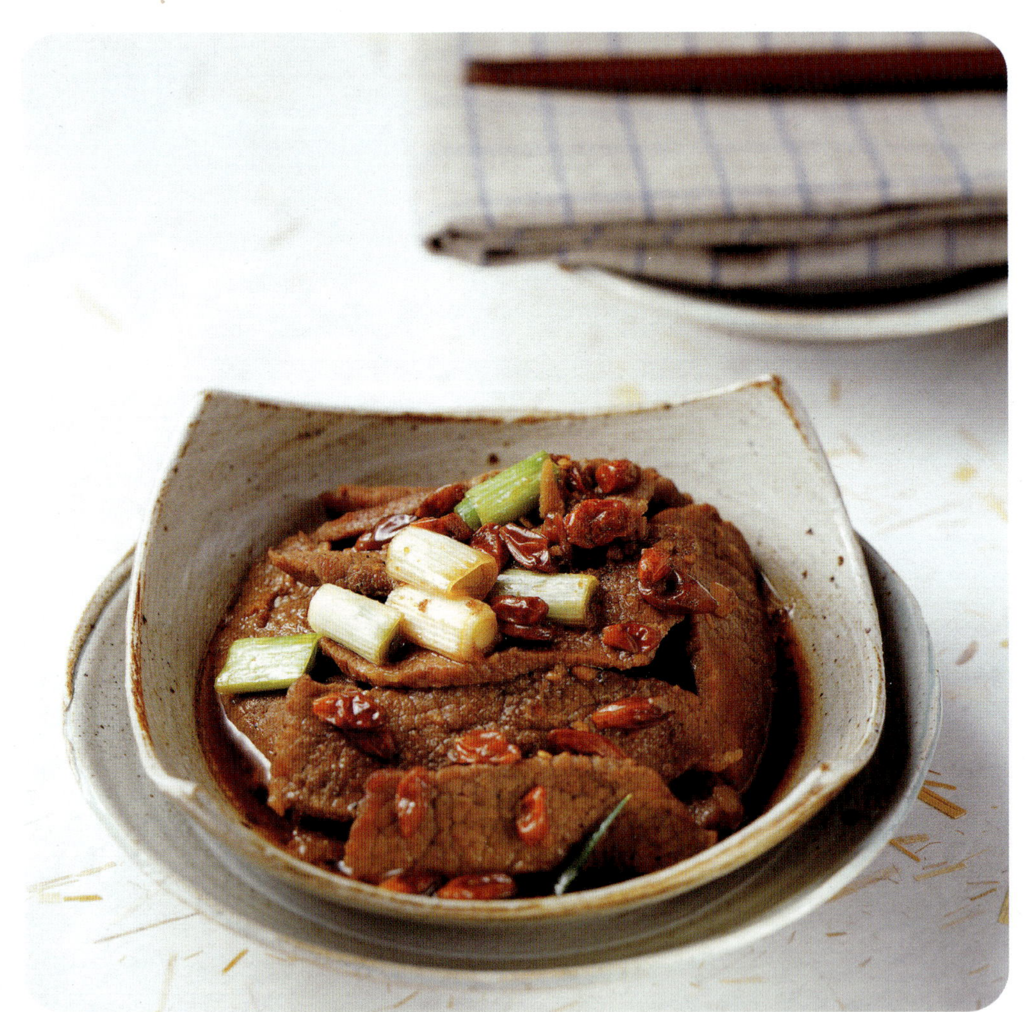

쇠고기구기자찜

_ 4인분

재료와 분량

쇠고기(안심) 400g
구기자 1/2컵
대파 2대
청주 2큰술
다시마 우린 물 5큰술

찜 양념장

간장 3큰술
꿀 1작은술
흑설탕 1작은술
청주 1큰술
다진 마늘 1큰술
통후추 4알
마른 붉은 고추 1개
소금 · 후춧가루 약간씩

이렇게 만들어요

1 구기자는 물에 깨끗하게 씻은 다음 물 1컵에 청주를 붓고 잠시 불린다. 너무 오랜 시간 불리지 말고 20분 정도 불린다.

2 쇠고기는 안심으로 준비해서 잔 칼집을 넣어 부드럽게 한 다음 0.5cm 두께, 5cm 길이로 썬다.

3 대파는 2cm 길이로 썬다.

4 흑설탕에 꿀을 넣고 간장과 청주, 마늘, 통후추, 잘게 자른 마른 붉은 고추를 넣어서 양념장을 만든다.

5 냄비에 ②의 쇠고기 안심을 넣고 ④의 양념장을 버무려 잰다.

6 ⑤의 냄비에 다시마 우린 물을 붓고 구기자를 넣은 다음 중불에서 찐다.

7 은근하게 쪄서 쇠고기와 구기자의 맛이 어우러지게 배면, 대파를 넣고 버무린다. 대파가 살짝 익으면 그릇에 담아 낸다.

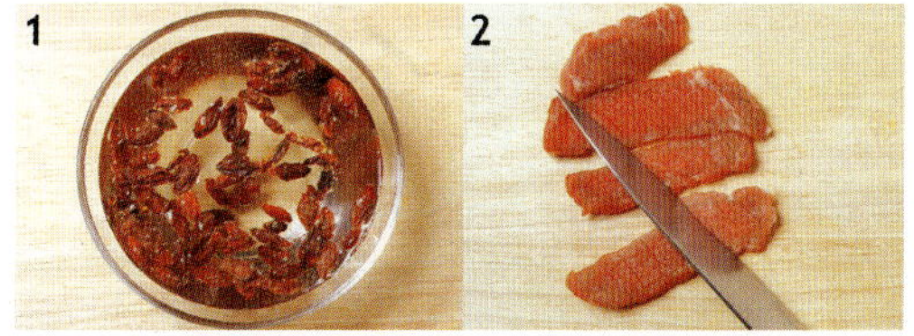

1 물 1컵에 구기자 1/2컵을 넣고 청주 2큰술을 넣어 20분 정도 불린다. 2 쇠고기 안심에 잔 칼집을 넣어 부드럽게 한 후 0.5cm 두께, 5cm 길이로 썬다.

편육수삼쌈

_ 4인분

재료와 분량

쇠고기 사태 400g
수삼 2뿌리
오이 50g
밤 5개, 대추 10개
꿀 1큰술
잣 3큰술
파 1/2뿌리
마늘 2쪽
생강 2톨
쑥갓 약간

간장소스

간장 2큰술
식초 · 레몬즙 각 1큰술
설탕 1작은술, 잣가루 1큰술

이렇게 만들어요

1 생강, 마늘, 파, 사태를 넣어 푹 삶아 식으면 얇게 저며 썬다.

2 수삼, 밤, 대추, 오이는 채 썰고, 밤채는 설탕물에 담근다. 생강도 곱게 채 썰어 물에 한 번 헹궈서 매운맛을 빼둔다.

3 ②의 재료에 소금 간을 하고 꿀과 잣을 넣어 버무린다.

4 접시에 ①과 ③의 채를 담고 간장소스를 곁들여 낸다.

Cooking Tip

고기를 삶을 때는 살이 부스러지지 않게 무명실로 고기(덩어리째)를 돌돌 감아 단단하게 묶어준다. 삶는 고기의 익은 정도를 알려면 젓가락을 이용한다. 젓가락으로 찔러보아, 고기가 흐물거리지 않으면서 표면이 잘 익었으면 편육하기에 딱 좋은 상태다.

편육수삼냉채 _ 4인분

재료와 분량

쇠고기 사태 600g
대파 2대
마늘 5개
양파 1/2개
대추 3개
밤 3개
배 1/4개
석이버섯 3개
오이 1개
생강 3톨

겨자장

겨자 갠 것 1큰술
설탕 2작은술, 소금 2작은술
식초 2큰술, 배즙 2큰술

이렇게 만들어요

1 물이 팔팔 끓으면 실로 묶은 고기와 대파, 마늘, 생강을 넣고 40분 정도 끓인 다음, 고기만 건져서 물에 헹궈 얇게 썬다.

2 씻은 오이는 어슷하게 썬다.

3 대추는 속씨를 뺀 다음 채 썰고, 밤과 배도 2.5㎝로 채 썬다. 석이버섯은 손질하여 곱게 채 썰어 볶은 다음 같이 섞는다.

4 ①의 편육을 썰어 오이와 번갈아 담고, 가운데 ③을 얹어 겨자장을 곁들여 낸다.

안심야채볶음

_ 4인분

재료와 분량

쇠고기(안심) 200g
양상추 4장
피망 1/2개
양송이버섯 3개
양파 1/4개
브로콜리 50g
소금 · 후춧가루 약간씩
브라운소스 1/2컵
다진 파슬리 약간

이렇게 만들어요

1 쇠고기는 큼직하게 썬 다음 소금과 후춧가루를 뿌린다.

2 양상추는 손으로 뜯어 찬물에 담갔다가 물기를 뺀 뒤 달군 팬에 볶아낸다.

3 피망은 반 갈라 씨를 빼고, 5cm 길이로 썬다.

4 브로콜리는 한 잎씩 떼어 끓는 물에 소금을 약간 넣고 파랗게 데친 다음 찬물에 헹군다. 양파는 반으로 잘라 5cm 길이로 채 썬다.

5 양송이는 기둥을 자른 후 껍질을 벗기고 6등분한다.

6 팬에 쇠고기를 볶다가 피망, 양파, 브로콜리, 양송이를 볶는다. 소금과 후춧가루로 간하고, 브라운소스를 넣어 버무린다.

7 볶은 양상추 위에 ⑥을 얹어 낸다.

쇠고기 맛있게 조리하기

질긴 고기를 양념하기 전에 먼저 식초를 넣어 재어주면 고기가 연해진다. 고기 특유의 누린내를 없애려면 양파즙이나 술에 재면 효과가 있다. 간장에 잴 때는 짜지지 않도록 주의한다. 튀김에 사용하는 고기는 튀기기 직전까지 얼렸다가 사용해야 바삭바삭하다. 장조림을 할 때는 처음부터 찬물에 고기를 넣지 말고, 물을 어느 정도 끓이다가 고기를 넣고 익힌 후 간장을 넣어 조린다. 처음부터 찬물에 고기를 넣어 끓이면 고기 맛이 물에 우러나 맛이 덜해진다. 구이를 할 때는 고기에서 육즙이 나올 정도로 익으면 한 번 뒤집는다. 뒤집은 쪽에서 다시 육즙이 나오면 그때가 알맞게 구워진 상태이다. 불고기의 경우도 마찬가지인데, 자주 뒤집을수록 맛이 없어지므로 한두 번만 뒤집는 것이 좋다. 삶거나 끓이는 경우, 센 불에서부터 시작해야 고기의 표면이 순간적으로 익어 육즙이 빠지지 않아 고소한 맛을 살릴 수 있다. 고기를 삶으면 거품이 많이 생기는데, 국물에 거품이 생기기 시작하면 불을 줄이고 거품을 순가락으로 걷어내야 누린내가 나지 않는다. 삶기 전에 찬물에 담가 핏물을 빼주면 거품이 생기는 것을 어느 정도 막을 수 있다. 전골에 넣을 고기는 미리 갖은 양념을 해놓아야 고기에 간이 적당히 배어, 국물도 맛이 잘 우러나 맛있게 된다.

불고기를 할 때 너무 얇게 썰면 조리 도중 고기가 찢어져 모양이 망가지기 쉽다. 불고깃감은 약간 도톰하게 썰어 잔 칼집을 넣어준 뒤 양념을 해서 구우면 모양이 반듯해진다. 한꺼번에 많은 양을 넣지 말고 적당한 양을 넣어 굽는 것이 좋고, 센 불에서 재빨리 구워야 맛이 좋다.

써는 방법에 따라 맛이 달라져요!

고기를 썰 때는 일반적으로 육질과 직각이 되게 한다. 직각으로 잘라야 연하고, 조리하기 쉽기 때문이다. 그러나 장조림이나 육개장처럼 쫄깃한 맛을 살리고자 할 때는 고깃결과 나란히 썰어야 부서지거나 오그라들지 않아 쫄깃한 육질을 살릴 수 있다. 조리하는 기구에 따라서도 고기를 써는 두께를 달리하는데, 팬에 고기를 구울 때는 지방이 적은 부위를 얇게 썰고, 숯불에 구울 때는 지방이 있는 부위를 두툼하게 썬다.

야채 얹은 사태편육쌈

_ 4인분

재료와 분량

쇠고기 양지머리 600g
(양파 1/2개, 마늘 3쪽,
대파 1대)
양파 1/2개
부추 50g
적양배춧잎 2장
깻잎 약간

고추냉이 간장소스

고추냉이 갠 것 1큰술
간장 1큰술
물 2큰술
식초 2큰술
설탕 1큰술
소금 · 후춧가루 약간씩

이렇게 만들어요

1 쇠고기 양지머리는 찬물에 담가서 핏물을 뺀 다음 무명실로 잘 묶는다.

2 끓는 물에 양파와 마늘, 대파를 넣고 ①의 고기를 넣어서 삶는다.

3 꼬치로 찔러서 핏물이 나오지 않으면 건져서 식힌다.

4 볼에 고추냉이 간장소스의 재료를 넣고 잘 섞는다.

5 양배추와 깻잎은 곱게 채를 썰어서 물에 담가두고, 양파도 채 썬 후 찬물에 헹궈서 매운맛을 뺀다.

6 부추는 3cm 길이로 썰어놓는다.

7 삶아서 식힌 고기는 먹기 좋은 크기로 얄팍하게 썰어서 접시에 담는다.

8 채소는 건져서 물기를 뺀 다음 고기와 함께 담고, ④의 소스를 곁들여 낸다.

1 쇠고기 양지머리는 찬물에 담가서 핏물을 뺀 후 무명실로 묶어, 삶았을 때 모양이 잡히도록 한다. **2** 볼에 고추냉이 간장소스의 재료를 넣고 잘 섞는다.

와인소스안심스테이크

_ 1인분

재료와 분량

쇠고기(안심) 150g
감자 1개, 가지 1/2개
다진 파슬리 약간
다진 실파 약간
식용유 · 소금 · 후춧가루 약간씩
스테이크소스 약간

베어네즈소스

화이트와인 3큰술
화이트와인 비네거 3큰술
다진 양파 50g
타라곤 · 파슬리 약간씩
통후추 1작은술
달걀 노른자 2개
버터 60g
레몬즙 1작은술
소금 · 후춧가루 약간씩

이렇게 만들어요

1 쇠고기 안심에 소금과 후춧가루를 뿌린 후 석쇠에서 살짝 구워 색깔을 낸다.

2 구운 쇠고기를 200℃ 오븐에서 원하는 정도로 익힌다.

3 감자는 껍질을 벗겨 1cm 주사위 모양으로 썰고, 가지는 길이대로 길게 썬다.

4 식용유를 넉넉히 두른 팬에 감자를 볶으면서 소금과 후춧가루로 간하고, 다진 실파를 넣는다.

5 팬에 식용유를 두르고 ③의 가지를 볶은 다음, 소금과 후춧가루로 간하고 잘 펴준다.

6 양파, 타라곤, 파슬리, 통후추, 와인과 식초를 팬에 넣고 조려서 식힌다.

7 ⑥에 달걀 노른자를 넣고 중탕시킨 후 녹인 버터, 소금, 후춧가루, 레몬즙을 넣는다.

8 ⑦을 체에 거른 후 타라곤잎, 파슬리잎 다진 것을 넣어 소스를 완성한다.

9 접시에 볶은 감자를 담고, 위에 ②의 안심을 올려놓은 다음 ⑤의 볶은 가지를 놓는다. 베어네즈소스를 뿌리고 파슬리로 장식한다.

부추와 팽이버섯쇠고기말이

_ 4인분

재료와 분량

쇠고기 불고깃감 300g
부추 100g
팽이버섯 2봉지
샐러드유

쇠고기 양념

간장 3큰술
설탕 1½큰술
다진 마늘 1작은술
다진 파 1/2큰술
참기름 1큰술
소금 · 후춧가루 약간씩

이렇게 만들어요

1 부추는 끓는 물에 소금을 넣고 파랗게 데쳐서 찬물에 헹군다. 물기를 뺀 다음 간장으로 밑간을 한다.

2 팽이버섯은 밑동을 잘라낸 후 끓는 물에 소금을 넣고 데친 다음 건져서 물기를 뺀다.

3 볼에 쇠고기 양념을 넣어서 잘 섞은 후 쇠고기를 넣어서 양념한다.

4 김발에 랩을 펴고 양념한 쇠고기를 깐다.

5 ④에 부추와 팽이버섯을 앞쪽에 놓고 김밥을 싸듯이 돌돌 만다.

6 프라이팬에 기름을 두르고 ⑤를 넣어서 노릇하게 구워낸 다음 한 김 식혀서 먹기 좋게 잘라낸다.

1 양념한 쇠고기는 김발에 랩을 펴고 넓게 깐다. 2 고기 위에 데친 버섯과 밑간한 부추를 얹고 김밥 말듯이 돌돌 만다. 랩까지 말리지 않도록 주의한다. 3 돌돌 만 고기말이는 기름을 두른 팬에 노릇하게 굽는다.

쇠고기달걀전

_ 4인분

재료와 분량

쇠고기 불고깃감 250g
실파 10줄기
달걀 4개
밀가루 5큰술
샐러드유 약간

ⓐ 양념

다진 마늘 1작은술
다진 생강 1/2작은술
설탕 · 참기름 2작은술씩
간장 $1\frac{1}{2}$큰술
후춧가루 약간

이렇게 만들어요

1 쇠고기는 3cm 길이로 썰고, 실파는 껍질을 벗겨 씻은 후 5cm 길이로 썬다.

2 볼에 3cm 길이로 썬 쇠고기를 담고, ⓐ양념을 넣은 뒤 골고루 섞는다. 여기에 실파와 밀가루도 함께 넣어 잘 섞어둔다. 달걀은 볼에 따로 풀어 준비한다.

3 프라이팬에 기름을 두른 뒤 ②를 편편이 펴서 굽는다. 한쪽 면이 익으면 풀어놓은 달걀을 끼얹은 다음 다시 뒤집어서 노릇하게 굽는다.

쇠고기야채 깨장무침

_ 4인분

재료와 분량

쇠고기 200g
청주 1큰술
배춧잎 3장
오이 1/2개
무 100g
대파 · 마늘 약간씩

소스

간장 3큰술
설탕 · 식초 · 청주 $1\frac{1}{2}$큰술씩
깨소금 2큰술
후춧가루 약간

이렇게 만들어요

1 쇠고기는 한 입 크기로 썰고, 오이는 반 갈라 4cm 길이로 얄팍하게 썬다.

2 배추는 굵게 채 썰고, 무는 오이와 같은 크기로 썬다.

3 채소는 소금에 살짝 절인 후 물에 씻어 물기를 뺀다.

4 분량의 소스 재료를 고루 섞어 준비한다.

5 냄비에 물을 넣고 끓이다가 청주를 넣어 다시 끓인다. 여기에 마늘과 대파를 넣고 끓이다가 쇠고기를 한 장씩 넣어 데쳐서 건진 다음, 찬물에 헹궈 물기를 뺀다.

6 볼에 쇠고기와 채소를 담고 소스를 끼얹어 살살 무쳐낸다.

떡볶이갈비

_ 4인분

재료와 분량
갈비살 400g
떡볶이 떡 300g
찹쌀가루 약간
다진 잣 약간

갈비살 양념
간장 3큰술
설탕 1큰술
맛술 1큰술
배즙 2큰술
다진 파 1큰술
다진 마늘 1/2큰술
참기름 1작은술
물엿 1큰술
생강즙 1/4작은술
후춧가루 약간

이렇게 만들어요

1 갈비는 살을 발라서 곱게 다진다.

2 다진 갈비살에 양념을 넣고 잘 주물러서 간이 골고루 배게 한다.

3 떡볶이 떡에 찹쌀가루를 고루 묻혀준다.

4 다져서 양념한 갈비살을 ③의 떡에 붙여서 모양을 낸다.

5 중불에서 굴려가며 고루 익히고, 다진 잣을 뿌려낸다.

1 갈비살은 발라서 곱게 다져야 떡에 잘 달라붙는다. 2 갈비살에 양념을 넣고 잘 주물러서 간이 골고루 배게 한다. 3 떡에 찹쌀가루를 묻히면 갈비살이 잘 붙는다.

밀라노식 쇠고기커틀릿 _ 4인분

재료와 분량
쇠고기 안심 800g
소금 · 후춧가루 약간씩
밀가루 4큰술
빵가루 8큰술
달걀 3개
모차렐라치즈 80g
샐러드유 약간

레몬버터소스
화이트와인 4큰술
버터 4큰술
다진 마늘 1큰술
레몬 1/2개

이렇게 만들어요

1 쇠고기는 조금 얇은 것으로 준비해서 소금과 후춧가루를 뿌려 밑간한다.

2 모차렐라치즈는 길게 잘라놓는다. 달걀은 풀어서 잘 섞어놓는다.

3 밑간을 한 쇠고기에 밀가루, 달걀물, 빵가루 순으로 튀김옷을 입혀서 프라이팬에 기름을 두르고 속까지 익도록 굽는다.

4 고기가 어느 정도 익으면 모차렐라치즈를 얹어서 굽는다.

5 치즈가 녹으면 꺼내어 180℃의 오븐에서 5분 정도 구워 색을 낸다.

6 프라이팬에 기름을 두르고 마늘을 넣어서 볶다가 화이트와인을 넣고 끓인다.

7 ⑥에 버터를 넣고 소금과 후춧가루를 뿌려서 간한 후 레몬즙을 뿌린다.

8 접시에 ⑤의 고기를 담고 ⑦의 소스를 끼얹어서 낸다.

1 밑간을 한 쇠고기에 밀가루, 달걀물, 빵가루 순으로 튀김옷을 입혀 기름을 두른 팬에서 속까지 익도록 구워낸다. 2 고기가 어느 정도 익으면 모차렐라치즈를 얹어서 굽는다. 3 팬에 기름을 두르고 마늘을 넣어서 볶다가 화이트와인을 넣고 끓인다. 4 버터를 넣고 소금과 후춧가루를 넣어 간한 후 레몬즙을 뿌린다.

부위에 따라 요리도 달라요!

쇠고기는 소의 영양 상태, 나이, 부위에 따라 단백질과 지방의 차이가 상당한데 특히 지방질의 차이가 크다. 등심, 업진육 등에 지방이 많고, 대접살과 홍두깨살에는 지방이 적다. 고기의 각 부위에 따라 알맞은 방법으로 조리하는 것이 중요하다.

등심 >> 구이, 전골, 볶음 요리

소의 어깨선 부분으로, 살코기 결이 곱고 좁쌀 모양의 기름이 고르게 들어 있는 질 좋은 부위다. 살과 고기 사이에 하얀 기름이 대리석 무늬처럼 들어 있는 꽃등심이 가장 맛있다. 구울 때는 자주 뒤집으면 맛이 없으므로 한두 번 뒤집는다.

양지머리 >> 편육, 조림, 국물 요리

가슴 부분 살로 기름기가 적고 질긴 편이다. 고기살이 결대로 찢어져 육개장이나 장조림에 좋고, 오래 끓여 진한 국물을 우려낼 수 있다. 양지머리는 찬물에 넣고 처음부터 함께 삶으며, 포크로 군데군데 찔러 속까지 잘 익게 한다. 그러나 다른 부위의 고기를 끓이거나 삶을 때는 끓는 물에 넣어 순간적으로 표면을 익혀 육즙이 빠져 나오지 않게 한다.

갈비 >> 구이, 찜, 탕 요리

육질은 거칠고 단단하지만 지방이 군데군데 끼여 있어 맛이 진한 갈비는 쫄깃한 맛이 일품이다. 부드럽고 흰 서리 같은 부분이 많을수록 품질이 좋다. 갈비는 찬물에 담가 핏물을 뺀 다음 요리해야 한다.

채끝살 >> 구이, 찜, 전골, 불고기, 바비큐

우둔살과 이어진 부위로 안심을 둘러싸고 있다. 연하고 고소한 맛을 지닌 채끝살은 스테이크에 가장 적합한 부위다. 지방이 적으며 하얀색의 젤라틴 조직이 고르게 퍼져 있는 것이 좋다. 향이 좋은 채끝살은 간을 세게 하지 않는다.

안심 >> 구이

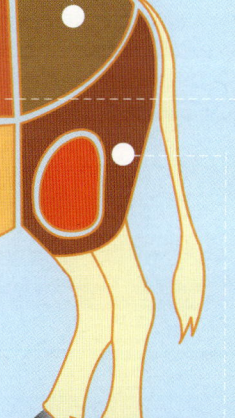

채끝살 안쪽에 붙은 가늘고 긴 고기로 결이 곱고 부드럽다. 구하기가 어려운 최고급 부위다. 지방이 적고 향과 맛이 좋으므로 구이나 스테이크, 바비큐로 요리하는 것이 좋다. 바싹 구우면 질기고 딱딱해져 맛이 떨어지므로 입맛에 맞게 적당히 익힌다.

우둔살 · 홍두깨살 >> 장조림, 회, 탕 요리

붉은 살코기로, 결이 곱고 등심처럼 연하며 맛이 좋다. 지방질이 적기 때문에 얇게 썰어 사용하기에 적합하다. 육회 요리에 많이 이용된다. 육회로 먹을 때는 고기에 기름이 없으므로 참기름을 듬뿍 넣어 조리한다.

로즈마리향 쇠고기안심스테이크 _ 4인분

재료와 분량
쇠고기 안심 800g
올리브유 1큰술
버터 1큰술
로즈마리 약간
세이지 약간
쥬키니 1/4개
토마토 1개
가지 1개
소금 · 후춧가루 약간씩
여분의 버터 약간

로즈마리소스
로즈마리 1/2큰술
다진 양파 4큰술
다진 양송이 4큰술
다진 토마토 4큰술
레드와인 80cc, 버터 2큰술
다진 마늘 1작은술

이렇게 만들어요

1 쇠고기는 안심으로 준비해서 소금과 후춧가루를 뿌리고 로즈마리와 세이지를 뿌려서 재어둔다.

2 쥬키니는 둥글게 모양을 내서 0.5cm 두께로 썰고, 가지는 어슷하게 썬다. 양파, 마늘, 양송이, 토마토는 다져서 준비한다.

3 프라이팬에 버터를 두르고 쥬키니와 가지를 넣어서 구운 후 소금과 후춧가루로 간한다.

4 프라이팬에 버터와 올리브유를 각각 1큰술씩 두르고 재어둔 고기를 넣어서 적당하게 구워낸다.

5 프라이팬에 버터를 1/2큰술 두르고 다진 마늘과 양파를 넣어서 볶는다. 볶은 양파가 색이 나면 ④에서 고기를 구울 때 나온 즙과 다진 양송이, 로즈마리, 레드와인을 넣고 끓인다.

6 ⑤에 소금과 후춧가루를 넣어서 간하고, 나머지 버터 $1\frac{1}{2}$큰술을 넣어서 맛을 부드럽게 한 후에 토마토 다진 것을 넣고 불을 끈다.

7 접시에 구운 채소와 고기를 놓고 ⑥의 로즈마리소스를 얹어서 낸다.

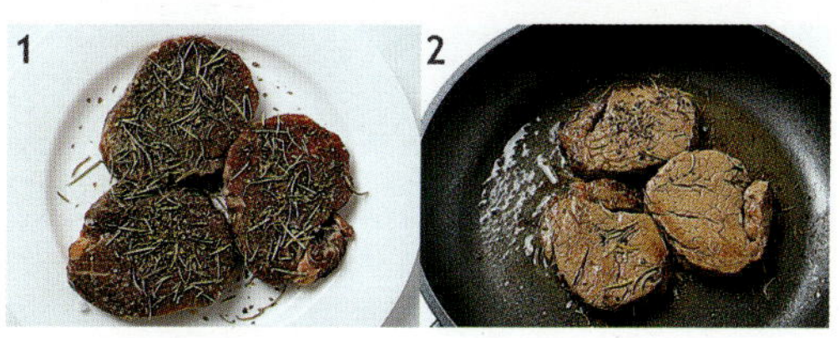

1 쇠고기 안심은 소금, 후춧가루, 로즈마리, 세이지를 뿌려 재어둔다. 2 팬에 버터와 올리브유를 두르고 고기를 넣어 적당하게 구워낸다.

갈비찜

_ 4인분

재료와 분량

쇠고기 갈비 600g
마른 고추 2개
양파 1/2개
당근 1/2개
밤 10개
은행 10개
달걀 1개
식용유 약간

양념장

간장 4큰술, 설탕 2큰술
다진 마늘 1큰술
다진 파 2큰술
생강즙 2작은술, 깨소금 1큰술
참기름 1큰술, 후춧가루 약간

이렇게 만들어요

1 갈비는 5cm로 토막 내어 찬물에 담가 핏물을 뺀다. 물기와 기름을 제거한 뒤 잔 칼집을 넣는다.

2 마른 고추는 반으로 갈라서 씨를 털어낸 다음 큼직하게 썬다. 밤은 속껍질까지 벗겨서 준비한다. 당근과 양파는 큼직하게 썬다.

3 달걀은 황백지단을 부쳐 마름모 꼴로 썬다.

4 분량의 양념장을 준비한다.

5 냄비에 식용유를 두르고 고추를 넣어 볶다가, 갈비를 넣고 볶아준 후 당근, 양파, 밤을 넣는다.

6 ⑤에 양념장을 1/3 정도 넣고 물을 잘박하게 부어 갈비가 충분히 익도록 약한 불에서 천천히 익힌다.

7 국물이 거의 졸아들면 나머지 양념장과 손질한 은행을 넣고 잠시 더 끓인다.

8 그릇에 담고 지단을 얹어 낸다.

Cooking Tip

갈비는 찬물에 담가 핏물을 뺀 후 냄비에 담고, 물을 넉넉히 부어 푹 끓인 다음 식히면 위에 하얀 기름이 생긴다. 이때 체에 가제나 종이를 깔고 맑은 국물만 따라내면 손쉽게 기름기를 없앨 수 있다. 갈비에 붙은 기름도 식은 후에 떼어낸다. 같은 방법으로 2~3번 기름기를 걷어낸 후 끓이면 맑은 갈비 국물을 만들 수 있다.

쇠고기야채샐러드

_ 4인분

재료와 분량

쇠고기 300g
양파 1개
양상추 1/2개
붉은 피망 · 푸른 피망 1/2개씩
대파 1대
당근 1개
파슬리 약간

소스

소금 1/2작은술
설탕 1큰술
호박기름 1큰술
식초 1큰술
후춧가루 약간

이렇게 만들어요

1 쇠고기는 찬물에 담가 핏물을 뺀 다음 대파, 양파, 당근, 파슬리를 통째로 넣고 끓인다. 한소끔 끓어오르면 거품을 걷어내고, 불을 낮춰 20분간 더 끓인 다음 식힌다.

2 충분히 식힌 쇠고기는 결대로 찢어 준비한다.

3 양상추는 먹기 좋은 크기로 자르고, 양파는 동그랗게 썬다.

4 피망은 반을 갈라 씨와 속심을 없앤 후 얇게 썬다.

5 볼에 소스 재료를 분량대로 넣고 고루 섞는다.

6 ⑤에 고기, 양파, 피망을 넣고 골고루 섞는다.

7 접시에 양상추를 깔고 ⑥을 얹은 다음 호박기름을 더 뿌려 마무리한다.

Cooking Tip

쇠고기는 육수를 내듯이 물과 양파, 대파, 마늘 등과 함께 푹 삶아낸 후 물기를 거두고 잘게 찢어 사용하면 칼로리를 낮출 수 있다.

비프스트로가노프

_ 4인분

재료와 분량

쇠고기 불고깃감 300g
양파 1개
밥 4공기
생표고버섯 4개
다진 파슬리 1큰술
생크림 4큰술
샐러드유 약간
밀가루 1큰술
토마토케첩 4큰술
우스터소스 $1\frac{1}{2}$큰술
소금 · 후춧가루 약간씩

이렇게 만들어요

1 양파는 껍질을 벗겨 물에 씻은 뒤 반으로 잘라 채 썬다.

2 쇠고기는 먹기 좋게 한 입 크기로 썰고, 생표고버섯은 기둥을 떼낸 후 채 썬다.

3 프라이팬에 기름을 두른 뒤 양파를 넣고 볶다가, 표고버섯과 고기를 넣어 계속 볶는다.

4 ③에 밀가루를 넣고 날가루가 보이지 않을 때까지 볶다가 물 $1\frac{1}{2}$컵을 부어 끓인다.

5 ④에 토마토케첩과 우스터소스를 넣고 잘 섞어 뭉근하게 끓이다가, 소금과 후춧가루를 넣어 간을 맞춘다.

6 ⑤를 4~5분 정도 끓이다가 생크림을 넣고 한 번 휘저어 섞은 뒤 불을 끈다.

7 그릇에 밥을 담고 ⑥을 얹은 후 다진 파슬리를 뿌려낸다.

1 프라이팬에 재료를 넣고 볶다가 밀가루를 넣는다. 2 ①은 날가루가 보이지 않을 때까지 볶다가 물을 붓고 끓인다.